Wie Tiere & Pflanzen

Ilka Sokolowski

Miteinander in der Natur

gemeinsam leben

Mit Illustrationen von Steffen Walentowitz

moses.

Diese Gemeinschaften
kannst du hier entdecken:

Vorwort

Zusammen ist das Leben einfacher – du kennst das bestimmt.
Gemeinsam lassen sich Probleme besser lösen als allein. Manche Dinge können wir sogar allein gar nicht schaffen. Hast du schon einmal probiert, auf dem Spielplatz alleine zu wippen? Das funktioniert nicht, du brauchst immer eine zweite Person, die sich auf die andere Seite setzt. Nur gemeinsam bringt ihr die Wippe in Bewegung.

Ganz ähnlich verhält es sich in der Natur. Viele Tiere und Pflanzen sind voneinander abhängig. Fehlt der eine, kann der andere nicht leben. So brauchen viele Pflanzen Bienen, um Früchte auszubilden, aber auch die Bienen brauchen die Pflanzen, weil sie sich von ihrem Saft ernähren.

In diesem Buch erfährst du jede Menge über die Zusammenarbeit von Tieren und Pflanzen im Lauf der Jahreszeiten. Schau dir zum Beispiel an, wie der schlaue Eichelhäher dem Wald bei seiner Ausbreitung hilft, auf welch besondere Weise Pilze und Bäume miteinander verbunden sind und mit welchem Trick die Flussperlmuschel dafür sorgt, Nachwuchs zu bekommen.

Dieses Buch führt dich von einem Lebensraum zum nächsten. Die spannende Reise beginnt direkt bei dir auf dem Balkon! Neben interessanten Informationen über viele Tiere und Pflanzen findest du außerdem auf allen Seiten kleine Kästen mit Tatsachen zum Staunen und nützlichen Tipps. Denn das Tolle ist: Auch du kannst für Tiere und Pflanzen etwas tun, wenn du genau hinsiehst, verstehst, schützt und hilfst, damit der Kreislauf des Lebens bestehen bleibt.

Es gibt eine Menge zu entdecken – viel Spaß dabei!

Bienen und Blumen

Endlich Frühling! Die Natur erwacht zu neuem Leben, auch bei dir auf dem Balkon. Schon jetzt kannst du beobachten, wie wichtig Insekten und alle blühenden Pflanzen füreinander sind – und für uns Menschen auch.

Dieser Reisighaufen besteht aus kleinen Ästen. In ihm und im Laubhaufen daneben können Tiere wie der Igel ihren Winterschlaf halten.

1

Bienen summen von Blüte zu Blüte. Sie ernähren sich von dem süßen Saft, der in der Blüte steckt, dem Nektar. Außerdem sammeln sie Blütenstaub, den Pollen, um ihre Brut damit zu füttern.

Dunkle Erdhummel

Bienenstand

falsche Johannisbeere

Primel

Tagpfauenauge

Gehörnte Mauerbiene

Rosmarin

Blaumeise mit Nistmaterial

Zitronenfalter

brütendes Amselweibchen

Amselmännchen

Stiefmütterchen

Tipp!

Aus kleinen Zweigen, Gräsern und Moos bauen Vogeleltern kunstvolle Nester. Die Küken mögen es weich und kuschelig. Du kannst beim Nestbau helfen, indem du Wollfäden auslegst. Wetten, dass es nicht lange dauert, bis Meisen und andere Vögel das Baumaterial entdecken? Siehst du die Blaumeise, die etwas gefunden hat?

blühender Kirschbaum

3

Über die Früchte freuen sich nicht nur wir Menschen. Auch Tiere wie zum Beispiel Vögel fressen sie gern. Kirschen sind ein Leckerbissen für Amseln und Stare. Viele mögen auch Johannisbeeren. Weil sie den Samen später wieder ausscheiden, helfen sie den Bäumen und Büschen dabei, sich auszubreiten.

Gänseblümchen

Aus Nektar und Pollen machen die Bienen Honig.

Ein Eichelhäher schaut sich den Blumenkasten genau an. Sucht er etwas?

Maulwurfshügel

Naturgarten

Gehörnte Mauerbiene

2

An dem pelzigen Körper der Bienen bleibt immer etwas von dem Staub haften und wird von Blüte zu Blüte weitergetragen. Dank des Staubs, den die Biene auf den anderen Blüten verliert, können sich aus den Blüten Früchte wie zum Beispiel Kirschen entwickeln.

Neben den Kräutern wächst eine weitere grüne Pflanze. Was mag das sein? Lass dich überraschen – oder schau gleich auf der letzten Seite nach.

Eichelhäher

Salat

Hochbeet

Kleiner Fuchs

9

Wie Ameisen und Läuse zusammenarbeiten

Ameisen halten sich Nutztiere, die ihnen eine süße Leckerei liefern!
Das glaubst du nicht? Und kennst du schon den riesigen Appetit
der Marienkäfer? Schau mal genau hin!

Sonnenblumen

1

An den Spitzen junger
Pflanzen wimmelt es nur so
von kleinen Tierchen – den
Blattläusen. Mit ihren winzigen
Saugrüsseln piksen sie in
die Pflanze und saugen
den Saft.

Gartenstauden

Zweipunkt-
Marienkäfer

Ein einziger
Marienkäfer frisst
bis zu 90 Läuse
am Tag.

Blattläuse

22-Punkt-
Marienkäfer

Maulwurfshügel

Gartenrose mit
Ameisen und
Blattläusen

2

Die Läuse scheiden dabei
eine süße, klebrige Flüssigkeit aus,
den Honigtau. Ameisen finden ihn
unglaublich lecker und trinken ihn!
Indem sie die Läuse mit ihren Fühlern
berühren, regen sie sie an, noch mehr
Honigtau abzugeben – man
könnte sagen, sie melken
die Läuse.

Rote
Johannisbeere

10

Star mit
Kirsche

Nistkasten

Kohlmeise

4

Sitzen zu viele Läuse auf den
Pflanzen und saugen den Saft, so
ist die Pflanze in Gefahr. Dann ist es
gut, dass andere Tiere wie Marienkäfer
die Läuse fressen und die Pflanze
beschützen. Die „roten Ritter" legen ihre
Eier in der Nähe von Blattläusen ab.
Ihre Larven, die aus den Eiern schlüpfen,
verschlingen sogar über 600 Läuse,
bis sie sich verpuppen und zu
Marienkäfern werden.

Kirschbaum

3

Andere Tiere wie Ohr-
würmer, Marienkäfer, Schlupf-
wespen und Vögel verspeisen die
Läuse. Aber die Ameisen schützen
die Blattläuse so gut es geht vor
diesen Feinden. Schließlich
möchten sie weiter vom
Honigtau trinken.

Bienenstand mit
Honigbienen

Siebenpunkt-
Marienkäfer

Amselweibchen
mit Johannisbeere

Blattlaus

Marienkäferlarve

Zähl mal!

Der Siebenpunkt-Marienkäfer kommt bei
uns besonders häufig vor. Es gibt aber
auch welche mit zwei Punkten, gelbe Käfer
mit 22 schwarzen Punkten, schwarze
Käfer mit zwei roten Punkten ... Wie viele
verschiedene findest du?

11

Nützliches Totholz

Überall grünt und blüht es, auch die Brennnesseln wachsen üppig, wenn man sie lässt. Was manche für Unkraut halten, ist für viele Tiere genauso überlebenswichtig wie der Komposthaufen und das alte Holz, das in Ruhe vermodern darf.

Kirschbaum

Kompost

Haufen aus altem Holz

1

Hinten im Garten hat einmal ein alter Apfelbaum gestanden. Im Laufe der Zeit ist er morsch geworden und wurde gefällt. Der Holzhaufen liegt schon lange in einer schattigen Ecke. Er ist jetzt ein Zuhause für viele Tiere wie Nashornkäfer, Igel, Ohrwurm und Spitzmaus.

Es krabbelt und schwirrt: Ohrwürmer, Asseln, Spinnen, Käfer und Fliegen leben im Kompost.

2

Doch nicht nur Tiere freuen sich über das herumliegende alte Holz, auch der Boden bekommt durch den vermodernden Apfelbaum wieder die Nährstoffe zurück, die er dem lebenden Baum früher gespendet hat.

Ohrwurm

Schmetterlinge können mit ihrem langen Saugrüssel andere Blüten besuchen als die Bienen. So findet jede Blüte ihren eigenen Bestäuber. Auch deshalb gibt es so viele verschiedene Pflanzen!

Fraßspuren der Raupen

Spitzmaus

Weberknecht

Kleiner Fuchs

Eisenkraut

Bevor ein Schmetterling seine farbenfrohen Flügel ausbreiten kann, macht er eine spannende Entwicklung durch. Entdeckst du die verschiedenen Entwicklungsstufen des Kleinen Fuchses im Bild?

Kleiner Fuchs als ältere Raupe

Große
Brennnessel

Bienenstand mit
Honigbienen

3

Den nährstoffreichen
Boden wiederum braucht die
Brennnessel. Darum wächst
sie so gerne in der Nähe von
Totholz. Wo Nesseln sich
wohlfühlen, ist der Boden
besonders gut.

4

Und wem nützen die Brenn-
nesseln? Den Schmetterlingen!
Nur hier legen Arten wie der Kleine
Fuchs oder der Admiral ihre Eier
ab, aus denen neue Schmetterlinge
werden. Sind die Raupen geschlüpft,
haben sie gleich etwas zu fressen.
Sie ernähren sich hauptsächlich
von den Brennnessel-
blättern.

Kleiner Fuchs
als junge Raupe

Kleiner Fuchs
als Puppe

Eigelege vom
Kleinen Fuchs

Igel

Grünrüssler

In den dichten
Brennnesseln verstecken
sich Käfer. Hier können
sie prima nach Insekten
jagen.

Tipp!

Gib deinen abgenagten Apfel und andere
Bioabfälle in den Kompost. Komposthaufen
sind ein wichtiger Lebensraum für viele kleine
Tiere. Vögel picken gern darin herum und suchen
Würmer und Insekten. Wir Menschen nutzen
die wertvolle Erde, die aus dem Kompost
allmählich entsteht, für unsere Gärten.

13

Ameisen als Gärtner

Auch in der Stadt kannst du erfahren, wie in der Natur zusammengearbeitet wird. In Parks und Grünanlagen leben Tiere und Pflanzen, die sich gegenseitig helfen und manchmal sogar aufeinander angewiesen sind.

Eichhörnchenkobel

1

Einige Ameisen sammeln Samen, zum Beispiel von Veilchen und Besenginster. Sie fressen aber nur ein kleines Anhängsel, das Ölkörperchen. Die Samen werfen sie aus dem Nest.

Maulwurfshügel

Eichelhäher

2

So hilft die Ameise Besenginster, Veilchen und anderen Blumen bei der Verbreitung ihrer Samen. Dann wachsen an neuen Stellen neue Pflanzen.

Ginster

Im Park kannst du Schwarze Wegameisen und Gelbe Wiesen- ameisen beim Transport beobachten.

Parkrose

Ameisenstraße

14

Stieleiche

Spechthöhle

Buntspecht

Kleiber

3

Natürlich nützt das nicht nur den Pflanzen: Auch die Ameise hat etwas davon, dass sie die Samen aus dem Nest wirft. Denn je mehr Pflanzen es gibt, desto mehr Nahrung findet sie. Und je mehr Ameisen es gibt, desto mehr haben auch Spechte zu fressen, denn sie lieben Ameisen.

Leckerei für Ameisen

Nicht nur Eichhörnchen, auch Ameisen kannst du füttern. Pflück vorsichtig ein paar Pusteblumen, also verblühten Löwenzahn. Das kleine Samenanhängsel an den Schirmchen fressen Ameisen sehr gern. Streu die Pusteblumen in der Nähe einer Ameisenkolonie aus und warte, was passiert.

Hornissen

Hornissennest

Eichhörnchen

15

Die Eiche und ihre Bewohner

Tiere und Pflanzen, die sich einen Lebensraum teilen, haben gelernt, wer wem wie nutzen kann. Ohne die Blätter der Eiche könnte sich die Eichengallwespe nicht fortpflanzen. Und weißt du, warum der Maulwurf so wichtig ist?

Blaumeise

Maulwurfshügel

Rosengalle

Gallen werden von verschiedenen Wespen verursacht und können ganz unterschiedlich aussehen.

1

In die alte Spechthöhle sind Hornissen eingezogen und haben hier ihr Nest gebaut. Wie praktisch, dass die Hornissen die alte Höhle noch weiter nutzen können.

Kleiner Fuchs

Beobachtungstipp!

Mit viel Geduld kannst du beobachten, wie ein Maulwurfshügel entsteht. Manchmal lässt sich sogar der kleine Bauarbeiter kurz blicken. Aber du darfst dich möglichst nicht bewegen: Maulwürfe sehen zwar fast nichts, doch sie spüren kleinste Erschütterungen.

Für den Winter sucht der Maulwurf nach Regenwürmern und bringt sie in eine Vorratskammer.

16

Hornissennest

Eichengallwespe

2

In der Eiche zu wohnen kommt den Hornissen auch deshalb sehr gelegen, weil es hier reichlich Eichengallwespen gibt, die sie gern fressen. Diese Wespen legen ihre Eier am liebsten an Eichenblättern ab. Wenn die Larven ausgeschlüpft sind, regen diese den Baum an, um sie herum eine schützende Kugel zu bilden, die Galle. Darin reift die Larve heran, bis aus ihr selbst eine Gallwespe wird.

Linsengallen der
Eichenlinsengallwespe

Teich

Galle der Gemeinen
Eichengallwespe

Hornisse

4

Und die Eiche? Auch sie hat etwas von ihren Gästen, denn die Maulwürfe fressen fleißig Engerlinge, das sind Käferlarven. Diese Larven sitzen manchmal zwischen den Wurzeln und können vor allem kleinen Eichen schaden.

Hornisse
raspelt Altholz

3

Doch nicht nur der Hornisse und der Eichengall-wespe hilft die Eiche: Unten im Wurzelwerk des Baumes baut das Maulwurfweibchen sein Brutnest. Hier kann es seine Jungen geschützt die ersten zwei Monate aufziehen.

Kohlmeise

Maulwurfsnest

Engerling

Er sammelt einfach die Beutetiere auf, die aus der Erde in seine Gänge fallen.

Nistkammer

Wertvolles Schilf

Am Teich ist ganz schön was los! Der Reiher kommt, um zu trinken und um nach Fischen zu jagen. Andere Tiere verstecken sich im Schilf und kümmern sich hier um ihren Nachwuchs. Und was hat das Schilf von seinen Gästen?

Rohrkolben

Teichhuhn mit Küken

Teichfrosch

Graureiher bei der Jagd

Froschlaich

1

Der Teichfrosch legt seinen Laich, das sind die Eier, am Teich-ufer ab. Hier hat es sein Nachwuchs, die Kaulquappen, wärmer als im tiefen Wasser. Teichhuhn, Stockente und Beutelmeise verstecken ihre Nester lieber zwischen dem hohen Schilf und anderen Wasserpflanzen, wo auch Greifvögel sie nicht so leicht entdecken können.

Schilf

Weidenzweige

2

Aber das Schilf ist nicht nur ein gutes Versteck. Denn die Tiere, die im und am Teich ihr Zuhause haben, hinterlassen einiges an Dreck! Nahrungsreste und Ausscheidungen fallen ins Wasser und sinken auf den Boden. Das Schilf hilft, dass der Teich trotzdem sauber bleibt. Durch die langen, hohlen Stängel kommt Luft in das Wasser. Dadurch wird es wie in einer Kläranlage gereinigt. Denn unten im Teich sitzen kleine Bakterien, die mithilfe des Sauerstoffs in der Luft die Nahrungsreste und die Ausscheidungen der Wassertiere auflösen.

Beutelmeise mit Köcherfliege am Nest

Stockente gründelt

3

Die Nährstoffe, die dabei ins Wasser gelangen, nimmt das Schilf wieder auf. Das ist seine Nahrung, durch die es leben und sich weiter ausbreiten kann. So helfen sich das Schilf und die Tiere am Teich gegenseitig!

Die Plattbauchlibelle legt ihre Eier am liebsten an den Pflanzenstängeln ab, von wo aus die kleinen geschlüpften Larven ins Wasser rutschen, um dort weiterzuwachsen.

Rohrkolben

Plattbauchlibelle

Teichfrosch

Quaken mit Verstärker

Teichfroschmännchen hörst du meist, bevor du sie siehst: Mit den beiden Schallblasen, die wie ein Verstärker wirken, quaken sie laut, um Weibchen anzulocken. Findest du die beiden quakenden Frösche?

Wenn Fische sich putzen

Auch unter Wasser passiert einiges, selbst wenn wir es nicht sehen können. Hast du eine Idee, wie Fische sich sauber halten? Duschen können sie wohl nicht! Die Rotfeder und das Rotauge machen das auf ihre Weise.

Teichrohrsänger mit erbeuteter Kleinlibelle

Wasserlinsen

Fressen und gefressen werden: Vogeleltern füttern ihre Jungen gern mit Libellen und anderen Insekten.

Seerosen

Stechmücke bei der Eiablage

1

Siehst du, wie die Rotfeder Kopf steht? Wenn sie ihre Hinterflosse nach oben streckt, zeigt sie anderen Fischen wie dem Rotauge, dass sie geputzt werden will! Das Rotauge zupft fleißig kleine Lebewesen von den Schuppen der Rotfeder. Hat die Rotfeder genug, schlägt sie mit dem Schwanz aus.

Kaulquappen

Rotfeder

Rotauge „putzt" Rotfeder

Gelbrandkäferlarve mit Kaulquappe

Auch die kleine Posthornschnecke frisst Tier- und Pflanzenreste und hält so das Wasser sauber.

Posthornschnecke

Teichmolch

Hufeisen-Azurjungfern während der Paarung

Libellen ernähren sich vor allem von Mücken.

2

Das Rotauge hilft der Rotfeder gern, denn die kleinen Lebewesen, die sich zwischen den Kiemen der Rotfeder eingenistet haben, sind eine leckere Mahlzeit. So muss es nicht mehr im oberen Gewässer nach Insekten schnappen.

Der Gelbrandkäfer frisst Insektenlarven und fängt junge Moderlieschen.

3

Und wenn das Rotauge geputzt werden will? Kein Problem! Dann streckt es selbst seine Hinterflosse in die Höhe und wartet, bis die Rotfeder es reinigt!

Schwimmendes Laichkraut

Gelbrandkäfer

Moderlieschen

Algen und Mückenlarven sind die Hauptnahrung des Moderlieschens.

Rotfeder

Unterwasserauge

Mit einer Unterwasserlupe kannst du das Leben im Teich erkunden. Lass dir helfen: Schneide von einer Plastikflasche Hals und Boden ab. Über ein Ende spannst du Klarsichtfolie und befestigst sie mit Gummis. Tauchst du die Lupe ins Wasser, drückst es die Folie nach innen und du siehst alles vergrößert.

Kleinlibellenlarve

21

Der Gast der Bachforelle

Frisch und klar fließt der Bach über Kiesel und Steine – so muss es sein,
damit Bachforellen und seltene Flussperlmuscheln hier leben können.
Auch viele andere Tiere brauchen saubere Bäche. Köcherfliegenlarven
und Bachflohkrebse erkennst du gut mit bloßem Auge.

1

Nur mithilfe der
Bachforelle kann die Flussperl-
muschel überleben. Aus ihren
Eiern schlüpfen Larven, die in den
Kiemen der Forelle überwintern.
Das schadet dem Fisch nicht. Im
Frühjahr sinken winzige Muscheln
auf den Kiesgrund, wo sie
heranwachsen.

Dreistachliger
Stichling

Bachflohkrebs

Wasserassel

Köcherfliegenlarve

Bachforelle

Weidenbusch

Wiese

3

Nur wenn das Wasser sauber ist, findet die Bachforelle viel Nahrung wie zum Beispiel Bachflohkrebse. Aber auch der schillernde Eisvogel braucht das klare Wasser. Dann kann er im Sturzflug kleine Fische wie junge Bachforellen erbeuten.

Köcherfliege

Eisvogel

Bachbunge

Brunnenkresse

2

Und was hat die Bachforelle von ihren Gästen? Sauberes Wasser! Die Flussperlmuscheln filtern Nährstoffe aus dem Wasser und reinigen es dabei wie eine natürliche Kläranlage. Denn Dünger von den Feldern und Abfälle können den Bach verschmutzen.

Quellmoos

Flussperlmuscheln

Junge Bachforelle

Beobachtungstipp!

Wenn du herausfinden willst, wie sauber der Bach ist, dreh die Steine im Wasser um und schau, welche Tierchen sich zeigen: Bachflohkrebse und Köcherfliegenlarven sind ein gutes Zeichen, viele Wasserasseln dagegen ein schlechtes: Sie kommen auch mit schmutzigem Wasser zurecht.

Kiebitz

Mäusebussard

Kopfweiden

1

Wie viele andere Tiere versteckt sich auch das Rehkitz im Gras. Hier kann es nicht so leicht entdeckt werden. Es wartet reglos, bis seine Mutter zurück-kommt, um es zu säugen. Das Kitz hat noch keinen Geruch. Auch dadurch ist es vor Fressfeinden geschützt.

Entdeckst du das schaumige Nest der Wiesenschaumzikade? Das kleine Insekt hat seine Eier im Herbst in den Ritzen von Pflanzenstängeln abgelegt. Den Schaum stellen die geschlüpften Larven aus dem Pflanzensaft her. Im Schaum können sie ungestört groß werden.

Rehkitz

Wiesen-Flockenblume

Gräser und Wildblumen

Das Kaninchen hoppelt schnell in seine Höhle.

Wildkaninchen

Schaumnest der Wiesen-schaumzikade

Vögel passen auf

Auf einer natürlichen Wiese, die nicht gedüngt wurde, wachsen Gräser, Wildblumen und leckere Kräuter. Im Frühsommer kommen hier viele Tierkinder zur Welt, denn das Gras ist ein schützendes Versteck. Auch die Vögel wissen, wie sie das Leben auf der Wiese für sich nutzen können - und helfen damit nicht nur sich selbst.

3

Aber, oh Schreck! Der Kiebitz hat einen Bussard am Himmel erspäht! Wie gut, dass nicht nur die kleinen Kiebitz-Küken, sondern auch andere Tiere seine Rufe als Warnung verstehen und sich schnell verstecken. Hast du den Kiebitz schon entdeckt?

Hecken, Feldgehölz

Feldgehölz

Braunkehlchen mit Wildbiene

Braunkehlchen-Jungvogel bettelt

Ricke

Maulwurfshügel

2

Seine Mutter, die Ricke, streift durch die Wiese auf der Suche nach Futter. Dabei scheucht sie Insekten auf, die von den Vögeln gern gefressen oder als Futter für die Vogelkinder gefangen werden. Deswegen wird das Reh häufig von Vögeln begleitet.

Für die Kleinsten im Tierreich ist der Wald aus Halmen und Stängeln wie ein Dschungel. Hier macht die Wespenspinne Jagd auf Beute wie zum Beispiel die Heuschrecke.

Wespenspinne

Grünes Heupferd

Auch Vögel nutzen das Wiesenversteck: Goldammer und Braunkehlchen bauen ihre Nester zwischen den Gräsern am Boden.

Blitzschnell versteckt sich auch die Feldmaus vor dem Bussard im hohen Gras.

Achtung!

Falls du aus Versehen ein Kitz aufgescheucht hast, geh vorsichtig zurück: Meist befindet sich noch ein zweites Kitz in der Nähe. Rehe bekommen oft Zwillinge. Fasse keines der Tiere an! Sonst kümmert sich die Mutter nicht mehr um die Kleinen. Betrete eine hochstehende Wiese am besten nicht.

Nest Braunkehlchen

Feldmaus

25

Nicht nur der Kiebitz, auch andere Vögel wie der Eichelhäher warnen vor Feinden.

Eichelhäher

Weißstorch

Fasan

1

Der Dunkle Wiesenknopf-Ameisenbläuling kann nur mithilfe der Ameise überleben. Damit sie ihm hilft, muss er aber einen Trick anwenden. Wenn sich die Raupen des Schmetterlings an den Blüten des Großen Wiesenknopfes satt gefressen haben, lassen sie sich zu Boden fallen. Mit ihrem Geruch täuschen sie den Ameisen vor, dass sie Ameisenlarven sind. Mühsam schleppen die Ameisen die Raupen in ihren Bau, um sie zu schützen. Hier finden die Raupen, was sie suchen: Ameisenlarven, die sie zum Fressen gern haben. Welch ein Pech für die Ameise, dass sie auf diesen Trick hereinfällt und ihre eigene Brut verfüttert!

Großer Wiesenknopf

Dunkler Wiesenknopf-Ameisenbläuling

2

Trotzdem haben auch die Ameisen etwas von ihren Gästen, denn die Schmetterlingsraupen überlassen den Ameisen eine Art Zuckersaft, den diese liebend gern trinken.

Hamster

Larve vom Dunklen Wiesenknopf-Ameisenbläuling

Wie Bläuling und Kuckuck tricksen

Nicht alle Tiere, die zusammenleben, helfen einander bereitwillig. Manche Tiere ergaunern sich auch die Hilfe von anderen Tieren, indem sie sie austricksen. Hier am Waldrand, in Hecke, Feld und Wiese kannst du welche beobachten.

3

Siehst du, dass sich der kleine Wiesenpieper einen der Bläulinge geschnappt hat? Auch er wurde ausgetrickst: Der Kuckuck hat ihm ein Ei ins Nest geschmuggelt, als der Wiesenpieper nicht hingesehen hat. Er kann sein Junges selbst nicht aufziehen, weil er als Zugvogel wieder in den Süden muss. Er braucht deshalb die Hilfe anderer Vögel.

4

Die Zieheltern füttern das fremde Küken mit Würmern, kleinen Insekten, Schnecken und manchmal auch Schmetterlingen wie dem Dunklen Wiesenknopf-Ameisenbläuling. Die Vogeleltern können nicht anders, wenn sie den weit aufgerissenen Schnabel sehen: Sie müssen sich einfach um das Küken kümmern.

Weißstorch-Nest

Waldrand

Kuckuck

Fuchs

Maulwurfshügel

Auch dem Teichrohrsänger und dem Neuntöter schmuggelt der Kuckuck Eier ins Nest.

Wiesenpieper

Mäuse und Hamster finden im Feld viel zu fressen. Sie müssen sich vor dem Fuchs und vor Raubvögeln in Acht nehmen.

Mit aufgestellten Ohren lauscht der Feldhase den Warnrufen des Eichelhähers. Dem Fuchs läuft er mühelos davon.

Raffiniert!

Kuckucksweibchen passen die Farbe ihrer Eier an die der Vögel an, denen sie ihre Eier ins Nest schmuggeln. Sie suchen sich immer wieder dieselbe Vogelart aus. Weil nicht jeder Kuckuck dieselbe Vogelart austrickst, gibt es trotzdem immer genügend Vögel von jeder Art.

Rebhuhn

Feldhase

27

Warum der kleine Regenwurm so großartig ist

Kaum zu glauben, aber wahr: Ein kleiner Wurm ist eines der wichtigsten Tiere im Kreislauf der Natur und ganz besonders im Wald! Was ausgerechnet den unscheinbaren Regenwurm für Tiere und Pflanzen so bedeutsam macht, kannst du hier entdecken.

Eichelhäher

1

Unermüdlich lockern und verbessern Regenwürmer den Boden, indem sie sich einfach hindurchfressen. So entstehen metertiefe Röhren. Auch abgestorbene Pflanzenteile wie Falllaub werden verspeist. Was der Regenwurm wieder ausscheidet, ist sehr feine und mit Nährstoffen angereicherte Erde.

Rotfuchs

Steinpilz

Der Regenwurm hat gerade frisch verdaute Erde abgesetzt.

Waldmistkäfer

Dunghaufen

Kellerassel

2

Je mehr Regenwürmer im Boden leben, desto besser für die Pflanzen. Denn dank der guten Regenwurmerde bekommen sie alle Nährstoffe, die sie für ihr Wachstum brauchen.

Über den Mist der Tiere freut sich der Mistkäfer ganz besonders. Er rollt daraus eine kleine Kugel, die er zu seinem Ei in die Erde legt. So hat die geschlüpfte Käferlarve gleich etwas zu fressen.

Regenwurmgänge

Zunder-
schwamm

In große Dachsbaue ziehen manchmal
Füchse als Untermieter ein. Hier
können sie geschützt ihre Jungtiere
aufziehen.

Moos

Dachs

Moos

Dachsbau

Mit seinen kräftigen
Klauen buddelt der
Dachs in der Erde
nach Würmern.

Igel

3

Das ist auch gut für die
Tiere, denn je besser eine
Pflanze wächst, desto mehr
Nahrung bietet sie ihnen. Zudem
gibt es viele Tiere wie Dachse,
Igel und Vögel, die den Regen-
wurm selbst zum Fressen
gernhaben.

4

Wenn Tiere dann
die Nahrungsreste
ausscheiden, düngen sie
damit wieder den Boden
und Pflanzen können gut
wachsen. So nützen
alle einander!

Waldmistkäfer-
Engerling

Aha!

Woher weiß ein Wurm, ob es Nacht
oder Tag ist? Augen hat er nicht,
aber lichtempfindliche Sinneszellen
in seiner Haut verraten ihm, ob es
hell ist oder nicht.

29

alte Eiche

Zunder-
schwamm

2 Und was hat der Baum von den Pilzen? Seine Wurzeln sind zu kurz, um alle wichtigen Stoffe aus dem Boden aufzusaugen, die er braucht, um gesund zu bleiben. Die feinen Wurzelfäden der Pilze aber bilden ein riesiges Geflecht im Boden. Dadurch kommen die Pilze an viel mehr Wasser und Nährstoffe heran, die sie mit dem Baum teilen.

junge Fichte

Buche

Eichel

1 Pilze brauchen Pflanzen, um an Nährstoffe zu gelangen. Viele leben deshalb in enger Gemeinschaft mit Bäumen. Sie wickeln lange Fäden um die Wurzeln der Bäume und bekommen von ihnen Zucker, den sie nicht selbst herstellen können, den sie aber zum Überleben brauchen.

Eichelhäher

Stockschwämmchen

Pilzfäden

Baumwurzeln

Pilz und Baum: ein gutes Team

Willkommen in der geheimnisvollen Welt der Pilze! Was du als Pilz kennst, ist in Wirklichkeit nur sein Fruchtkörper. Unter der Erde erstreckt sich der eigentliche Pilz in Form eines riesigen Fadengeflechts. Manche Geflechte sind so groß, dass eine kleine Stadt auf dieser Fläche Platz finden würde!

Wildschwein

Flechte

3

Wie wunderbar, wenn durch diese Zusammenarbeit aus Baum und Pilz viele andere Pilze wachsen können, denn es gibt eine Menge Tiere, die sich von ihnen ernähren. Natürlich freuen sich auch viele Menschen im Herbst über einen vollen Korb mit gesammelten essbaren Pilzen.

5

Aber nicht alle Pilze helfen dem Baum. Wenn er geschwächt ist, siedeln sich Pilze wie Zunderschwamm auf ihm an. Siehst du hier welche? Der Baum beginnt dann zu faulen und stirbt langsam ab. Die abgestorbenen Pflanzenteile aber nutzen dem Regenwurm! Sieh auf der vorherigen Seite nach!

Butterpilze

fressende Schnecke

Fliegenpilz (giftig!)

4

Und auch für die Pilze ist es gut, wenn Dachse, Wildschweine und Schnecken an ihnen knabbern. Denn mit den Ausscheidungen der Tiere werden die Pilzsporen, winzige Keime, weiter verbreitet. Daraus wachsen neue Pilze.

Lamellen

Röhren

Steinpilz

Schau unter den Hut!

Giftig oder genießbar? Sitzen unter dem Hütchen Röhren oder längliche Lamellen? Der Steinpilz ist ein Röhrenpilz, die Öffnungen der Röhren sehen aus wie Poren. Der Fliegenpilz hat wie viele der besonders giftigen Pilze Lamellen. **Wichtig:** Pilze sammeln ist nur was für Kenner!

1

Im Frühling und Sommer sind alle Blätter noch grün. Dann nutzen Pflanzen mit ihrem Blattgrün das Sonnenlicht, um Kohlendioxid, ein Gas aus der Luft, und Wasser in Zucker und Sauerstoff umzuwandeln. Den Zucker brauchen sie, um zu wachsen. Den Sauerstoff geben sie über ihre Blätter an die Luft ab. Das ist wichtig für alle Lebewesen, auch für uns, denn nur mit Sauerstoff können wir atmen!

Wildschwein

Damhirsch

Die Samen der Klette mit den vielen Widerhaken setzen sich im Fell von Tieren fest. Ohne es zu merken trägt der Fuchs die Samen weiter.

Kletten im Fell

Rotfuchs

2

Wenn es kälter wird, färben sich die Blätter bunt und fallen ab. Wie eine Decke schützen sie den Boden und alle Lebewesen darin vor Kälte, Nässe oder Austrocknung. Die untere Laubschicht wird von Insekten, Pilzen und Bakterien zersetzt. So wird der Boden mit Nährstoffen versorgt, die die Pflanzen im Frühjahr zum Wachsen brauchen.

Das Laubversteck

Im Herbst wird es bunt im Wald! In allen Gelb-, Rot-, Grün- und Brauntönen leuchtet das Laub der Bäume, bevor Blatt für Blatt zu Boden fällt. Auch die Samen und Früchte sind reif. Bucheckern, Eicheln, Kastanien und Nüsse sind ein Festmahl für die Tiere!

3

Am Boden liegen nicht nur viele Blätter, sondern auch Bucheckern, Eicheln und Nüsse. Sie sind wichtige Wintervorräte für Tiere wie Eichhörnchen und Eichelhäher. Sie vergraben diese Samen, aber nicht alle finden sie wieder. Daraus können neue Bäumchen wachsen.

4

Der Igel ist bereit für den Winterschlaf, die Erdkröte verfällt bald in Winterstarre. Unter Zweigen und Laub finden sie ein trockenes Plätzchen. Schlaft gut!

Eichhörnchen

Eichelhäher

Igel im Laub

Erdkröte

Kastanie

Eichel

Die kleine Rötelmaus sammelt Eicheln.

Mini-Wald

Auch du kannst einen Wald pflanzen! Steck Kastanien, Eicheln, Nüsse oder Bucheckern in Töpfe mit Erde. Schön feucht halten und über den Winter draußen stehen lassen: Die meisten Samen keimen, wenn es länger richtig kalt war.

Jetzt bist du gefragt

Es ist Winter, die Natur ruht sich jetzt aus. Der Schnee schützt die Pflanzen und Tiere vor der Kälte. Tiere, die keinen Winterschlaf halten, müssen Energie sparen, weil ihr Körper sie zur Kälteabwehr braucht. Jetzt, wo alles zum Stillstand kommt, bist du gefragt. Hilfst du den Tieren bei der Suche nach Nahrung und einem Versteck?

Rotfuchs

Ob der Fuchs eine unvorsichtige Maus fangen kann?

Holz mit Bohrlöchern für Insekten

Bienenkorb

Kohlmeise

1

Viele Vögel fliegen im Spätsommer in wärmere Gegenden und überwintern dort. Andere bleiben hier und brauchen ein gut befülltes Futterhaus. Es hilft ihnen durch die kalte Zeit. Halte es immer sauber und trocken, damit die Vögel gesund bleiben.

Pflanze in Jutesack

Buchfink

Dieser Mini-Wald wurde vor dem Frost gepflanzt.

Kastanie

Rotkehlchen

2

Damit winterharte Pflanzen es nicht ganz so kalt haben, stecke die Tontöpfe am besten in einen Jutesack und packe die Pflanzen in eine schützende Hülle aus Fleece. Binde beides mit Bändern fest.

Ahorn

Buche

Blaumeise

34

verblühte Pflanzen

Fuchsspur im Schnee

Kirschbaum

Schau dir genau die kahlen Zweige von Bäumen oder Büschen an. Erkennst du die Knospen, aus denen im Frühjahr die frischen Blätter und Blüten sprießen? Dann beginnt der Kreislauf des Lebens von neuem!

Nistkasten

Eichen-schößling

verblühte Kräuter

Futterversteck des Eichelhähers

4

Habt ihr einen Schuppen im Garten? Lass ihn doch im Herbst einfach offen und warte ab, was passiert! Vielleicht zieht ein Schmetterling wie das Pfauenauge ein, um zu überwintern. Auch Marienkäfer können sich hier wohlfühlen. Eichhörnchen freuen sich über Futterhäuser und ein großer Ast mit Bohrlöchern ist ein tolles Winterversteck für Insekten.

Eichelhäher

Eichel

Gefunden! Dieses Jahr hat der Eichelhäher sein Futterversteck wiederentdeckt. Aus der Eichel vom letzten Jahr ist dagegen schon ein winziges Bäumchen geworden.

3

Wenn du Verblühtes im Herbst nicht abschneidest, hilfst du damit vielen Tieren. Vögel picken gern die Samen von Disteln und anderen abgeblühten Blumen auf. Insekten können in den Stängeln sicher überwintern. Gesäuberte Nistkästen lass hängen: Sie dienen Vögeln und Insekten als Unterschlupf.

Vögel picken auch an Äpfeln.

Beobachtungstipp!

Wenn du im Winter Tiere beobachten möchtest, musst du besonders viel Abstand halten: Jede Aufregung, jedes Flüchten ist für die Tiere unnötig anstrengend. Mit einem Fernglas erkennst du vom Fenster aus viel mehr als mit bloßem Auge. Probiere es doch mal aus!

Impressum

So wie der Inhalt dieses Buches selbst vom Geben, Nehmen und Teilen zwischen Tieren und Pflanzen erzählt, so hat auch das Papier dieses Buches schon anderen vorher gute Dienste getan: *Miteinander in der Natur* wurde auf dem Recyclingpapier Nautilus Classic und klimaneutral gedruckt bei Drukarnia Dimograf, Bielsko-Biała, Polen.

© 2021 moses. Verlag GmbH
2. Auflage 2021

moses. Verlag GmbH
Arnoldstraße 13d
47906 Kempen
Fon 02152 - 20 98 50
Fax 02152 – 20 98 60
Mail: info@moses-verlag.de
www.moses-verlag.de

ISBN: 978-3-96455-111-5

Illustrationen: Steffen Walentowitz
Text: Ilka Sokolowski
Lektorat: Karin Bischoff
Layout & Satz: Melanie Dahmen
Herstellung: Annette Hillig, Cologne Book Manufactory
Redaktion: Geesche Oetken

Gedruckt in Polen.